IQ-Training 2017

zur Vorbereitung auf IQ-Tests

abwechslungsreich – spannend – effektiv

2. verbesserte Auflage

Aribert Böhme

Impressum

Alle Rechte liegen beim Autor
Düsseldorf, im Frühjahr 2017
E-Mail: Psychologische_Beratung_Boehme@gmx.de
Herstellung und Verlag: BoD - Books on Demand, Norderstedt
2. verbesserte Auflage
ISBN: 9783743179080

Bibliografische Information der Deutschen Nationalbibliothek

Die Deutsche Nationalbibliothek verzeichnet diese Publikation in der Deutschen Nationalbibliografie; detaillierte bibliografische Daten sind im Internet über http://dnb.d-nb.de abrufbar.

Vorwort

Infolge der großen Resonanz der vorherigen Ausgabe aus dem Sommer 2016, gibt es hier nun einen Fortsetzungsband mit neuen und weiteren Trainingsaufgaben zur Vorbereitung auf IQ-Tests.

- **Sie wollen** sich auf einen IQ-Test vorbereiten, wie er beispielsweise im Rahmen diverser Bewerbungsverfahren vorkommt?
- **Sie möchten** anhand verschiedener Übungsaufgaben einen Überblick hinsichtlich typischer Testaufgaben bekommen?
- **Sie wünschen** sich ein gezieltes Training typischer IQ-Testaufgaben, so dass Sie gut vorbereitet in einen bevorstehenden IQ-Test gehen können?

Dann bietet Ihnen dieses IQ-Trainingsbuch eine hilfreiche Unterstützung.

Anhand vielfältiger Testaufgaben aus repräsentativen Bereichen typischer IQ-Tests, wie beispielsweise Logik, Sprachverständnis, Merkfähigkeit usw., bietet Ihnen dieses IQ-Trainingsbuch vielfältige Übungsmöglichkeiten.

Mit Blick darauf, dass es sich bei den hier vorliegenden Testaufgaben nicht um eine wissenschaftlich fundierte Datenbasis handelt, die anhand eines repräsentativen, statistisch-signifikanten Probandenkreises evaluiert worden ist, wird bewusst darauf verzichtet, konkrete IQ-Werte zu nennen. Vielmehr bietet Ihnen diese Testreihe die Möglichkeit, eigene intellektuelle Fähigkeiten grob zu verorten, so dass Sie eine Orientierungshilfe bekommen. Entscheidend ist hier vor allem die Option, möglichst viele IQ-Testaufgaben trainieren zu können, mit dem Ziel, selbstbewusst an einem bevorstehenden IQ-Test teilnehmen zu können.

Wie immer auch Ihr Testergebnis ausfallen mag, bedenken Sie bitte, dass es sich dabei um eine Momentaufnahme handelt, die vielfältigsten Rahmenbedingungen unterliegt. Über ein gutes Ergebnis dürfen Sie sich freuen; ein weniger gutes Testergebnis bedeutet nicht, dass Ihre Qualitäten als Mensch infrage gestellt werden.

Tipps zur Durchführung des IQ-Tests

Sorgen Sie bitte dafür, dass Sie den kompletten IQ-Test nur in einem ausgeruhten und entspannten Zustand durchführen. Stress, Sorgen, gesundheitliche Beeinträchtigungen o. ä. verfälschen ansonsten womöglich Ihr Testergebnis.

Achten Sie bitte während der kompletten Testdurchführung darauf, dass Sie absolut ungestört sein können. Ablenkungen, wie z. B. Telefonanrufe, ins Zimmer kommende Personen, störende Geräusche, unangenehmes Raumklima usw. verfälschen ebenfalls Ihr Testergebnis.

Reservieren Sie sich ein Zeitfenster von ca. 2 1/2 Stunden zur vollständigen Durchführung für diesen IQ-Test. Während dieser Zeitspanne sollten Sie absolut ungestört arbeiten können.
Für die anschließende Auswertung des Tests müssten Sie weitere etwa 30 Minuten einplanen, so dass sich eine Gesamtzeit von ca. drei Stunden ergeben wird.

Falls Sie bei einer Testaufgabe merken, dass Sie nicht spontan einen möglichen Lösungsansatz finden, sollten Sie bitte keinesfalls an einer solchen Teilaufgabe verweilen, sondern stattdessen zügig mit der Bearbeitung der nächsten Teilaufgabe beginnen.

Der Faktor Zeit ist bei der Durchführung eines IQ-Tests eine wesentliche Komponente, die unbedingt beachtet werden sollte. Es ist beabsichtigt, dass Ihnen die Zeitvorgaben mitunter sehr knapp bemessen erscheinen mögen, denn eine Teilkomponente hoher Intelligenz ist u. a., komplexe Sachverhalte in kurzer Zeit lösen zu können.

Viel Erfolg und viel Freude beim Bearbeiten dieses IQ-Tests.

Der Autor:

Aribert Böhme, Freiberufler seit 1988, bietet Dienstleistungen in folgenden Bereichen:

- Psychologische Beratung (Lernpsychologie, Familienpsychologie, Lebensberatung)
- Lerncoaching (Fernlehrgänge z. B.: SGD, ILS in den Fachbereichen Psychologische Beratung, Psychotherapie für Heilpraktiker usw.)
- Implementierung von Texten für Sachbücher in den Bereichen: Lernpsychologie, Psychologie, Pädagogik, EDV, Gesellschaft, Lebensweisheiten
- Coaching für Seniorinnen & Senioren (z. B. Gedächtnistraining)

Im Rahmen seiner freiberuflichen Dozententätigkeit hat der Autor bis dato (2017) ca. 9000 TeilnehmerInnen im Fachbereich EDV bei diversen, namhaften Instituten unterrichtet.

In seiner Funktion als Psychologischer Berater (SGD-Dipl.) bietet der Autor regelmäßig Klientensitzungen vor Ort für hilfesuchende Menschen in den Bereichen: Lebensberatung, Konfliktberatung, Familienpsychologie, Schulpsychologie sowie Lernpsychologie, an.

Bis dato (2017) hat der Autor 21 Sachbücher im thematischen Umfeld der EDV, der Lernpsychologie, der Pädagogik, der Gesellschaftskritik sowie der Lebensweisheiten, publiziert (inkl. einiger Auslandslizenzen für Frankreich, Polen und Russland). Zudem erfolgten Veröffentlichungen in namhaften Tageszeitungen (FAZ, Süddeutsche Zeitung, Rheinische Post usw.).

Seminare und Vorträge zu den Themen Motivationscoaching, Lernpsychologie, Lerntechniken, bietet der Autor sowohl als Firmenschulungen, wie auch als Privatseminare vor Ort an. Anfragen bitte grundsätzlich per E-Mail an:

Psychologische_Beratung_Boehme@gmx.de

Im Rahmen der Implementierung des vom Autor entwickelten NEURONET 2.0 im Umfeld der Neuroinformatik, mit dessen Hilfe Prognosen für Sportwetten erstellt werden können, erfolgte in den Jahren 2001 und 2002 eine ehrenvolle Aufnahme in die Who-is-Who-Lexika, Deutschland & Europa.

Düsseldorf, im Frühjahr 2017

Hauptgruppen für den IQ-Test

A) Sprachliche Intelligenz: Welches Wort passt nicht?

B) Sprachliche Intelligenz: Gleiche Wortbedeutung?

C) Sprachliche Intelligenz: Buchstabensalat

D) Sprachliche Intelligenz: Buchstabengruppen

E) Sprachliche Intelligenz: Buchstabenreihen

F) Logisches Denken: Analogien

G) Logisches Denken: Schlussfolgerungen

H) Logisches Denken: Zahlenreihen ergänzen

I) Logisches Denken: Zahlenmatrizen

J) Logisches Denken: Wochentage

K) Logisches Denken: Unmögliches erkennen

L) Logisches Denken: Meinung oder Tatsache?

M) Mathematische Fähigkeiten: Kopfrechnen

N) Mathematische Fähigkeiten: Rechenzeichen einsetzen

O) Beobachtungsgabe: Welches Zeichen ist anders in einer Reihe?

P) Merkfähigkeit: Wörter einprägen, falsche Wörter identifizieren

Q) **Merkfähigkeit: Begriffe merken**

R) **Merkfähigkeit: Adressen merken**

S) **Merkfähigkeit: Texte einprägen, anschließend Fragen beantworten**

T) **Interpretation von Statistiken**

U) **Oberbegriffe finden**

V) **Passende Begriffe finden**

W) **Schnell Wörter finden**

X) **Sinnlose Silben**

Y) **Merkfähigkeit**

Z) **Sudoku**

A) Sprachliche Intelligenz: Welches Wort passt nicht?

In dieser Rubrik geht es darum herauszufinden, welches der jeweils vier Wörter inhaltlich nicht zu jeweils drei anderen Wörtern passt?

Beispiel: Fahrrad   –   Flugzeug   –   PKW   –   Omnibus

Hier passt der Begriff „Flugzeug" nicht. Begründung: Alle anderen genannten Fahrzeuge bewegen sich primär auf dem Boden. Das Flugzeug bewegt sich vorwiegend in der Luft.

1. laufen – schwimmen – gehen - spazieren
2. Hamburg – München – Wien – Düsseldorf
3. Ontariosee – Nil – Donau - Ganges
4. Orgel – Posaune – Klavier - Cembalo
5. Ohren – Nase – Hände - Zähne
6. Elektriker – Bäcker – Maurer - Arzt
7. Hai – Wal – Hund - Delfin
8. Udo Lindenberg – Herbert Grönemeyer – Nena - Wolfgang Niedecken

Bearbeitungszeit: 1 Minute

B) Sprachliche Intelligenz: Gleiche Wortbedeutung?

In dieser Rubrik geht es darum herauszufinden, welches der jeweils vier angebotenen Wörter inhaltlich dem jeweils vorgegebenen Begriff am ehesten entspricht?

Beispiel: Angenommen, das vorgegebene Wort lautet „liebevoll".

Zur Auswahl stehen folgende Begriffe:
sanftmütig – schön – empathisch – achtsam

Lösung: Der Begriff „sanftmütig" stimmt am ehesten mit dem Begriff „liebevoll" überein.
Begründung: Die drei anderen Wörter beschreiben zwar ebenfalls positiv besetzte Begriffe, jedoch sind diese nicht automatisch mit einem „liebevollen" Verhalten assoziiert.

9. kraftvoll: groß – stark – überwältigend - immens
10. empathisch: klug – achtsam – konzentriert - gebildet
11. öde: trist – arm – unaufgeräumt - blutleer
12. schreiben: ablegen – niederlegen – notieren – sagen
13. abweisend: nachtragend – gefühlskalt – dumm - kleinlich
14. dröhnend: mächtig – lautstark – enorm – kraftvoll
15. flott: beschwingt – froh – schnell - lebhaft
16. angemessen: richtig – passend – zielgenau – klar

Bearbeitungszeit: 1 Minute

C) Sprachliche Intelligenz: Buchstabensalat

In dieser Rubrik geht es darum herauszufinden, wie aus einem vorgegebenen „Buchstabensalat" wieder das ursprüngliche Wort gebildet werden kann?

Beispiel: R D A F H R A

Lösung: Hier lautet das gesuchte Wort „FAHRRAD".

17. N E I L S P
18. R S E M S E
19. H N S I W E C
20. A E N M R H
21. T N Z E O N I
22. S I T B T I E L F
23. P R F A T I L C H
24. E B L Ü N E G S I E
25. W M N I C M S H R I E
26. E C Ü I E R H B

Bearbeitungszeit: 2 Minuten

D) **Sprachliche Intelligenz: Buchstabengruppen**

In dieser Rubrik geht es darum herauszufinden, welche Buchstabengruppe nicht nach der gleichen Regel gestaltet ist, wie alle anderen?

Beispiel: Angenommen, es sei folgende Buchstabengruppen vorgegeben:

a) ABCDE
b) BCDEF
c) CDEFG
d) ZYXWV
e) OPQRS

Lösung: Hier wäre die richtige Antwort, Gruppe (d) – ZYXWV – passt nicht zu den anderen Buchstabengruppen. Begründung: Hier erfolgt die Sortierung der Buchstaben in alphabetisch absteigender Reihenfolge, wogegen alle anderen Buchstabengruppen alphabetisch aufsteigend sortiert vorliegen.

Bearbeitungszeit: 2 Minuten

27. ACEGI
    BDFHJ
    CEGIK
    DGJMP
    EGIKMO

28. AMEZI
    ENUKA
    UAKLF
    IGATO
    ARUXE

29. RTUMM
    FGIKL
    WRAUU
    TIEGH
    LMEVB

30. EFGHI
    ZYXWV
    SRQPO
    ONMLK
    EFGDC

E) Sprachliche Intelligenz: Buchstabenreihen

In dieser Rubrik gilt es herauszufinden, nach welchem Prinzip die jeweiligen Buchstabenreihen konstruiert sind, um dann entscheiden zu können, wie die jeweilige Buchstabenreihe logisch fortgesetzt werden müsste?

Beispiel: Angenommen, es sei folgende Buchstabenreihenfolge gegeben: a – e – i – m – q - ?

Lösung: Hier lautet die korrekte Fortsetzung: „u".

Begründung: Zwischen allen Buchstaben in der vorgegebenen Reihenfolge fehlen jeweils – alphabetisch aufsteigend – die drei folgenden Buchstaben. Von daher muss nach dem letzten hier vorgegebenen Buchstaben „q" geprüft werden, welches die drei dann folgenden Buchstaben in alphabetisch aufsteigender Folge wären, die es zu überspringen gilt. Hier wären das demnach die Buchstaben r – s – t, so dass die Folge mit dem Buchstaben „u" anstelle des Fragezeichens fortgesetzt werden müsste.

Bearbeitungszeit: 2 Minuten

31. c – f – i – l – o - ?
32. a – e – i – o - ?
33. b – f – j – p - ?
34. a – b – f – g – k – l - ?
35. e – j – o – t - ?

F) Logisches Denken: Analogien

In dieser Rubrik geht es darum herauszufinden, welche Analogien zwischen vorgegebenen Begriffspaaren existieren?

Beispiel: laut : leise   Lärm : ?
Bewegungslosigkeit – Stille – Geräusch – Flüstern

Lösung: Hier wäre das Lösungswort „Stille", da es in einem analogen Verhältnis zum Begriff „Lärm" steht, wie der Begriff „leise" zum Begriff „laut".

Bearbeitungszeit: 1 Minute

36. dick : dünn   fett : ?
    klein – schlank – leicht - transparent
37. Marlboro : Zigarette   Faber Castell : ?
    Bauwerk – Maler – Bleistiftmarke - Sektmarke
38. Seite : Buch   Track : ?
    Fahrzeug – DVD – Musikarchiv - Komponist
39. Professor : Universität   Lehrer : ?
    Schule – Kindergarten – Fachhochschule - Lernen
40. Wien : Österreich   Madrid : ?
    Schweden – Niederlande – Spanien - Portugal
41. Liebe : Hass   Euphorie : ?
    Depression – Dysphorie – Hedonie - Schizophrenie
42. oben : unten   hoch : ?
    klein – niedrig – tief - winzig
43. Pianist : Flügel   Cellist : ?
    Violine – Cello – Cembalo - Harfe

G) **Logisches Denken: Schlussfolgerungen**

In dieser Rubrik geht es darum logisch korrekte Schlussfolgerungen aus einer vorgegebenen Anzahl von Teilaussagen ziehen zu können.

Beispiel: Wenn A kleiner ist als B, und C kleiner ist als B, C jedoch größer ist als A, wer ist dann am größten?

Lösung: Hier wäre B die korrekte Antwort.

44. Wo sind die Dinkelbrötchen am billigsten?
 Im Laden A sind die Dinkelbrötchen teurer als in B. In Laden D sind sie teurer als in C, aber billiger als in B.
45. Wo sind die meisten Fehler?
 In Klausur A sind mehr Fehler als in Klausur D. In Klausur C sind weniger als in B, aber mehr als in A.
46. Wer ist am empathischsten?
 Mario ist genauso empathisch wie Otto. Bernhard ist weniger empathisch als Bert. Bert ist empathischer als Otto. Mario ist weniger empathisch als Bernhard.
47. Wer ist am dicksten?
 Tom ist dünner als Konrad. Leo ist dicker als Tom. Marc und Leo sind gleich dick. Konrad ist dicker als Marc.
48. Wer hat den niedrigsten IQ?
 Jenny ist dümmer als Moritz. Lucy ist nicht dümmer als Carsten. Sonja wäre die dümmste Schülerin, wenn Carsten nicht wäre. Moritz und Lucy sind gleich intelligent.
49. Wie alt ist Hermine?
 Hermine ist sechs Jahre jünger als Anton. Gerd und Melanie sind zusammen 99 Jahre alt. Wäre Melanie drei Jahre jünger, wäre sie genauso alt wie Hermine. Anton ist acht Jahre älter als Gerd.
50. Wie viele Töchter gibt es?
 In einer Familie hat jede Tochter dieselbe Anzahl von Brüdern wie Schwestern, und jeder Bruder hat doppelt so

viele Schwestern wie Brüder.
Bearbeitungszeit:	3 Minuten

H) Logisches Denken: Zahlenreihen ergänzen

In dieser Rubrik geht es darum, dass Sie die in den Zahlenreihen versteckten Muster entdecken, nach denen die jeweils nächste Zahl eindeutig gebildet wird.

Beispiel: 2 – 4 – 6 – 8 – 10 – 12 - ?

Ihre Aufgabe besteht nun darin herauszufinden, welche Zahl anstelle des Fragezeichens eingesetzt werden muss, damit das in dieser Zahlenreihe enthaltene Berechnungsmuster logisch konsequent fortgesetzt wird.

Lösung: Hier lautet das Berechnungsmuster: + 2
            Demnach lautet die gesuchte Zahl hier: 14

51.   1 – 3 – 10 – 30 – 37 - ?
52.   1 – 1 – 4 – 8 – 9 - ?
53.   4 – 9 – 25 – 49 – 121 - ?
54.   3 – 1 – 4 – 1 – 5 – 9 - ?
55.   8 – 11 – 16 – 23 – 32 - ?
56.   1 – 4 – 8 – 2 – 5 – 10 – 4 - ?
57.   9 – 1 – 16 – 1 – 25 – 81 - ?
58.   34 – 578 – 9826 – 167042 – 2839714 - ?

Bearbeitungszeit: 5 Minuten

I) Logisches Denken: Zahlenmatrizen

In dieser Rubrik gilt es herauszufinden, welches mathematische Prinzip einer vorgegebenen Matrix (tabellenartige Struktur) zugrunde liegt, so dass das jeweils fehlende Zahlenfeld logisch konsistent ergänzt werden kann.

Beispiel: Angenommen, es sei folgende Zahlenmatrix gegeben:

1	2	3
	5	6
7	8	9

Lösung: In das freie Zahlenfeld müsste hier die Lösungszahl 4 eingetragen werden, damit die zugrundeliegende Logik sowohl horizontal, als auch vertikal in sich schlüssig erhalten bleibt.

Bearbeitungszeit: 5 Minuten

59.

5	15	45
8	24	?
11	33	99

60.

4	9	25
49	121	?
289	361	506

61.

8	16	?
9	18	36
10	20	40

62.

1	8	27
64	125	?
343	512	729

63.

512	256	
64	32	16
8	4	2

J) Logisches Denken: Wochentage

In dieser Rubrik geht es darum, herauszufinden, welche Wochentage sich aus einer gegebenen Zeitbeschreibung logisch ableiten lassen?

Beispiel: Angenommen, die Aussage lautet:
Wenn heute Mittwoch ist, welcher Tag ist dann zwei Tage nach Übermorgen?

Lösung: Hier lautet die korrekte Antwort: Sonntag.
Begründung: Wenn heute Mittwoch ist, dann wäre übermorgen demnach Freitag. Zwei Tage nach Freitag ist dann also Sonntag.

Bearbeitungszeit: 3 Minuten

64. Vor drei Tagen war Samstag. Welcher Tag ist dann morgen?

65. In zwei Tagen wird Freitag sein. Welcher Tag ist dann drei Tage nach übermorgen?

66. Vor sieben Tagen war Montag, Welcher Tag wird dann zwei Tage nach vorgestern sein?

67. Wenn in vier Tagen der gleiche Tag ist wie vor drei Tagen, und dieser Tag ein Sonntag ist, welcher Tag ist dann heute?

68. Welcher Wochentag wird übermorgen sein, wenn gestern Dienstag war?

K) Logisches Denken: Unmögliches erkennen

In dieser Rubrik geht es darum Unmögliches zu erkennen.

Beispiel: Welche der folgenden Behauptungen ist unmöglich?

Es ist unmöglich, dass...

a)   ... ein Mensch 110 Jahre alt wird.
b)   ... ein Mensch ohne Sauerstoff länger als fünf Minuten überlebt.
c)   ... ein Mensch ohne Nahrung länger als sieben Tage überlebt.
d)   ... ein Mensch nur vier Finger an seiner linken Hand hat.
e)   ... ein Mensch ohne Blinddarm überlebt.

Lösung: Hier wäre die korrekte Aussage unter dem Buchstaben b zu finden. Begründung: Ja, es stimmt, dass ein Mensch ohne Sauerstoff nicht länger als fünf Minuten überleben kann.

Bearbeitungszeit: 2 Minuten

69.   Es ist unmöglich, dass ein A-380 (Airbus)...

a)   ... über den Atlantik fliegen kann.
b)   ... mehr Passagiere transportiert, als eine Boeing 747 (Jumbo).
c)   ... doppelt so viele Passagiere befördert, wie eine vollbesetzte 747.
d)   ... schneller als 800 Stundenkilometer fliegen kann.
e)   ... eine Flughöhe von mehr als 12.000 Metern erreichen kann.

70. Es ist unmöglich, dass Wasser...

a) … in 10.000 Meter Flughöhe innerhalb eines Flugzeugs verdunstet.
b) … bei minus fünf Grad gefriert.
c) … bei einer Temperatur von 110 Grad kocht.
d) … bei plus vier Grad Celsius gefriert.
e) … in einen gasförmigen Aggregatzustand übergehen kann.

71. Es ist unmöglich, dass die Zahl 4096...

a) … ohne Rest durch 16 geteilt werden kann.
b) … ein Teiler der Zahl 16384 ist.
c) … ein ganzzahliges Vielfaches der Zahl 12 ist.
d) … mit einer Primzahl multipliziert werden kann.
e) … durch die einzige gerade Primzahl geteilt werden kann.

72. Es ist unmöglich, dass ein Hund...

a) … älter wird als 15 Jahre.
b) … zwanzig Mal nacheinander laut bellt.
c) … kleiner ist als eine Katze.
d) … größer ist als ein Wildschwein.
e) … den Satz des Pythagoras versteht.

73. Es ist unmöglich, dass...

a) … es sog. Multiversen gibt.
b) … es mehr als einen Urknall gegeben hat.
c) … es Leben auf fremden Planeten gibt.
d) … dass die Anziehungskraft der Erde größer ist als die des Jupiters.
e) … die Erde in ca. fünf Milliarden Jahren von der Sonne unseres Sonnensystems „verschluckt" - sprich: verbrannt wird.

L) Logisches Denken: Meinung oder Tatsache?

In dieser Rubrik gilt es herauszufinden, ob es sich bei einer Aussage um eine Meinung oder um eine Tatsache handelt?

Beispiel: Angenommen, es seien folgende Aussagen gegeben:

a)   Blau ist eine sehr schöne Farbe.
b)   Ein Tag auf der Erde setzt sich aus 24 Stunden zusammen.

Lösung: a) Meinung – nicht objektiv begründbar.
              b) Tatsache – objektiv belegbar gemäß Vereinbarung

Bearbeitungszeit: 2 Minuten

74.   Der Jupiter ist größer als der Saturn.
75.   Helene Fischer ist eine großartige Künstlerin.
76.   Sparen ist besser als Geld ausgeben.
77.   Der Pazifik ist größer als der Atlantik.
78.   Frauen sind im statistischen Durchschnitt kleiner als Männer.
79.   Barbara ist ein sehr schöner Name.
80.   Es gibt mehr Insekten als Menschen auf der Erde.
81.   Der Erdumfang beträgt ca. 40.000 Kilometer.
82.   Dinkelbrot schmeckt besser als Schwarzbrot.
83.   Urlaub an der See ist schöner als Urlaub in den Bergen.

M) Mathematische Fähigkeiten: Kopfrechnen

In dieser Rubrik werden Ihre Fähigkeiten im Kopfrechnen getestet. Zur Bearbeitung dieser Aufgaben sind keinerlei zusätzliche Hilfsmittel (Papier, Bleistift, Taschenrechner usw.) erlaubt. Einzig Ihren Kopf dürfen Sie zur Lösung der folgenden Aufgaben verwenden.

Bearbeitungszeit: 4 Minuten

84. 47 + 95 = ?
85. 487 + 717 = ?
86. 29 * 17 = ?
87. 311 * 21 = ?
88. 59 + 32 * 5 – 31 = ?
89. 16384 / 256 = ?
90. (49 * 7 +777) – (67 + 13 * 4) = ?
91. 3227 + 4988 – 551 + 93 – 227 = ?
92. 9 * 8 * 7 * 6 * 5 * 4 * 3 * 2 * 1 = ?
93. 87 * 7 *4 * 6 = ?

N) Mathematische Fähigkeiten: Rechenzeichen einsetzen

In dieser Rubrik geht es darum herauszufinden, welche Rechenzeichen (+ - * /) jeweils anstelle der Fragezeichen (?) in eine Aufgabe eingesetzt werden müssen, so dass das vorgegebene Ergebnis korrekt ist.

Legende:
? Ist der Platzhalter für das erste Operationszeichen
?? Ist der Platzhalter für das zweite Operationszeichen
??? Ist der Platzhalter für das dritte Operationszeichen
???? Ist der Platzhalter für das vierte Operationszeichen

Beispiel: 49 ? 35 = 84

Lösung: Hier müsste das Additionszeichen (+) anstelle des Fragezeichens eingesetzt werden, so dass die vorgegebene Lösung stimmt.

Bearbeitungszeit: 5 Minuten

94. 36 ? 12 ?? 7 = 41
95. 347 ? 5 ?? 29 = 1764
96. 55 ? 7 ?? 5 ??? 9 = 430
97. 18 ? 6 ?? 3 ??? 7 ???? 4 = 125
98. (16384 ? 1024) ?? (256 ??? 16) ???? 16 = 240
99. (777 ? 2) ?? (36 ??? 47) ???? 3246 = 0
100. 557 ? 916 ?? 333 ??? 555 ???? 251 = 1000
101. (((31536000 ? 365) ?? 24) ??? 60) = 60
102. 3 ? 5 ?? 7 ??? 9 ???? 11 = 10395

O) Beobachtungsgabe: Welches Zeichen ist anders in einer Reihe?

In dieser Rubrik wird Ihre Beobachtungsgabe überprüft. Dabei gilt es möglichst schnell zu erkennen, welches Zeichen in einer vorgegebenen Reihe von der Originalreihe abweicht?

Beispiel: Angenommen, folgende Originalreihe sei vorgegeben:

CCRFKLOPGGGFOPHHUUUUIIIKKKKTTGGSSWWQLMBHGDFSIO

Hier nun die zu überprüfende Reihe:

CCRFKLOPGGGFOPHHUUUUIIIKKKKTTGGSSVWQLMBHGDFSIO

Lösung: Hier wurde der Originalbuchstabe „W" durch ein „V" ausgetauscht.

CCRFKLOPGGGFOPHHUUUUIIIKKKKTTGGSS**V**WQLMBHGDFSIO

Bearbeitungszeit: 2 Minuten

103. KKOPLGFDSWWIKKKNMBVCGDWEPPOKUHTRWWWEKMNNNCX
KKOPLGFDSWWIKKNNMBVCGDWEPPOKUHTRWWWEKMNNNCX

104. MMKLLLLLFFFRTWAOLPKSSDRWOKLPORRRTNNNCVFYXXXLKY
MMKLLLLLFFFRTWAOLPKSSDRWOKLPORRRTNNNCVCYXXXLKY

105. ASDFRRRTTTTPPPPÜLOIUZZZZWWQQMLKHGCXXXYYYGGGGIUZ
ASDFRRRTTTTPPPPÜLOIUZZZZWWQCMLKHGCXXXYYYGGGGIUZ

106. YXCGHJGHJGHJTZWERWERIOPIOPIPOINHFDFGHFGHFGFGHGFC
YXCGHJGHJGHJTZWERWERIOPIOPIPOINHFDFHHFGHFHGFGHGFC

107. RWERUIOSDFKJKLVXCVSDFKLDJFKLSDJLFEWRUIOPEIROPADSJJ
RWERUIOSDFKJKLVXCVSDFKIDJFKLSDJLFEWRUIOPEIROPADSJJ

108. SDFHJKQWEUIQOWEOIOQWEOIQWEXDFAJDKLASDKLJFSDFSKDT
SDFHJKQWEUIQOWFOIOQWEOIQWEXDFAJDKLASDKLJFSDFSKDT

109. DGFLKKLKLJHGHJTEERRTJKKJKJHJKHJKHJKHQWEQEWIIOIIOOU
DGFLKKLKLJHGHJTEERRTJKKJKJHJKHJFHJKHQWEQEWIIOIIOOU

110. ZUIWERWRWERWJKLJCXYXHKJIOOIPOPGFFGUIIOOIOPGFGFGFII
ZUIWERWEWERWJKLJCXYXHKJIOOIPOPGFFGUIIOOIOPGFGFGFII

111. YXCYXCYHGHJGHJIOIOUIOEUIOOPPBVWEWETZKLÖKLDFDFGHJ
YXCYXCYHGHJGHJIOIOUIOEUIOOPPBVWEWETZTLÖKLDFDFGHJ

P) **Merkfähigkeit: Wörter einprägen, falsche Wörter identifizieren**

In der folgenden Rubrik geht es darum, dass Sie sich möglichst schnell viele vorgegebene Begriffe einprägen, zu denen dann anschließend einige Fragen gestellt werden.

Beispiel: Angenommen, es sei folgende Tabelle mit Begriffen vorgegeben:

Zeit zum Einprägen: 30 Sekunden. Bitte erst nach der Einprägezeit umblättern.

Lebensmittel	*Automarke*	*Unterrichtsfach*	*Mädchenname*
Brot	BMW	Physik	Barbara
Käse	OPEL	Englisch	Iris
Wurst	FORD	Kunst	Heike
Marmelade	MERCEDES	Musik	Sandra

Frage: In welcher Rubrik beginnt ein Begriff mit dem Buchstaben „H"?

Lösung: In der Rubrik „Mädchenname" beginnt der Begriff „Heike" mit dem Buchstaben „H".

112.

Musikgruppen	Solokünstler	Musikinstrument	Tonart
Foreigner	Reinhard Mey	Orgel	D-moll
BAP	Helene Fischer	Blockflöte	F-dur
Scorpions	Clueso	Gitarre	Cis-moll
Iron Maiden	Ulla Meinecke	Cello	A-dur

Zeit zum Einprägen: 30 Sekunden. Bitte erst nach der Einprägezeit umblättern.

112 a) In welcher Zeile steht der Name eines Solokünstlers, dessen Name mit dem Buchstaben „C" beginnt?
112 b) Welche Musikgruppe steht in der zweiten Zeile der Rubrik „Musikgruppen"?
112 c) Welche Tonart befindet sich in der vierten Zeile in der Rubrik „Tonarten"?
112 d) Welches Musikinstrument beginnt mit dem Buchstaben „G"?

Bearbeitungszeit: 1 Minute

113.

Farbe	Getränk	Adjektiv	Tier	Stadt
grün	Wein	schön	Hund	Düsseldorf
blau	Bier	dunkel	Katze	Nürnberg
gelb	Cola	groß	Bär	Hamburg
rot	Kaffee	hell	Schwein	Köln
schwarz	Tee	klein	Hase	Stuttgart
orange	Saft	schlimm	Schlange	Bremen
violett	Wasser	großartig	Ameise	Dortmund

Einprägezeit: 1 Minute. Bitte erst umblättern, nachdem die Einprägezeit vorbei ist.

113 a) Welches Tier wird nicht genannt?
   Elefant – Hase – Schlange – Katze
113 b) Welche Stadt mit dem Anfangsbuchstaben „K" wird genannt?
113 c) Welches Getränk wird nicht aufgeführt?
   Kaffee – Saft – Sekt – Tee
113 d) Welche Farbe fehlt in der Tabelle?
   lila – gelb – orange – grün
113 e) Welche beiden Tiernamen beginnen mit dem Buchstaben „H"?
113 f) Welches Adjektiv wird nicht genannt?
   schlimm – groß – dunkel – minimal

Bearbeitungszeit: 1 Minute

114.

Natürliche Zahlen	Primzahlen	Quadratzahlen
625	13	144
888	3	100
324	17	49
74	7	25
158	29	121
99	2	64
232	23	4
2	19	36
447	11	169
101	5	324

Einprägezeit: 2 Minuten. Bitte erst umblättern nachdem die Einprägezeit vorbei ist.

114 a) Welches ist die größte hier genannte Primzahl?
114 b) Welche Zahl kommt sowohl bei den Natürlichen Zahlen, als auch bei den Primzahlen vor?
114 c) Welche Quadratzahl kommt auch bei den Natürlichen Zahlen vor?
114 d) Welches ist die drittgrößte Quadratzahl?
114 e) Welche Primzahl steht in der vorletzten Zeile?
114 f) Welches ist die größte genannte Natürliche Zahl?
114 g) In welcher Zeile steht die Natürliche Zahl 232?
114 h) Welche der nachfolgenden Zahl taucht in keiner der drei Rubriken auf? 4 – 121 – 74 – 95

Bearbeitungszeit: 2 Minuten

Q) Merkfähigkeit: Begriffe merken

In der folgenden Rubrik geht es darum, dass Sie sich möglichst viele Begriffe in möglichst kurzer Zeit einprägen. Anschließend werden dann Fragen zu den zuvor eingeprägten Begriffen bzw. zu deren Positionen innerhalb der jeweiligen Tabelle gestellt.

Beispiel:

Buche	Beethoven	Käse	Fichte
Sport	Physik	Eiche	Mathematik
Schubert	Honig	Erdkunde	Mozart
Englisch	Pappel	Brot	Erle
Butter	Telemann	Bach	Salat

Einprägezeit: 2 Minuten

Nachdem Sie dann die obige Tabelle abgedeckt haben, sollten folgende Fragen beantwortet werden:

- In welcher Spalte befindet sich das Schulfach mit dem Anfangsbuchstaben „M"?
- In welcher Spalte befinden sich zwei Namen von berühmten Komponisten?
- Welches Lebensmittel wird in der vierten Spalte genannt?
- In der wievielten Zeile befindet sich das Schulfach mit dem Anfangsbuchstaben „P"
-

Lösungen:

- Das Schulfach Mathematik befindet sich in der vierten Spalte.
- Die Komponisten Beethoven und Telemann befinden sich in der

zweiten Spalte.
- Das Lebensmittel in der vierten Spalte ist Salat.
- Das Schulfach mit dem Anfangsbuchstaben „P" (Physik) befindet sich in der zweiten Zeile.

115.

Ägypten	Böhme	Lehrer	Neckar	Wien
Nil	Rhein	Amazonas	Himalaya	rot
Dachdecker	Bäcker	Madrid	Tokio	Grass
blau	Dürrenmatt	Fernfahrer	gelb	Portugal
Japan	Berlin	Frisch	Bibliothekar	Augenoptiker
Lessing	Anden	Moldau	Kairo	Wolga
Maurer	Österreich	Böll	Mosel	grün
Dolomiten	Lissabon	Ukraine	Schiller	Spanien

Einprägezeit: 3 Minuten.

Bitte erst umblättern, nachdem die Einprägezeit abgelaufen ist.

Bearbeitungszeit: 2 Minuten

a) Für welches der genannten Länder fehlt die zugehörige Hauptstadt?
b) In welcher Spalte steht der Beruf mit dem Anfangsbuchstaben „A"?
c) Welche deutschen Flüsse werden genannt?
d) In welcher Zeile befinden sich das Gebirge mit dem Anfangsbuchstaben „A"?
e) Welcher deutsche Fluss wird in der fünften Spalte genannt?
f) Welcher Beruf mit dem Anfangsbuchstaben „F" wird genannt?
g) In welcher Zeile befindet sich der Name der deutschen Bundeshauptstadt?
h) Welche Hauptstadt wird in der zweiten Spalte genannt?
i) In welcher Spalte erscheint der Name des Autors mit dem Anfangsbuchstaben „G"?
j) In welcher Spalte steht die Hauptstadt von Portugal?

R) Merkfähigkeit: Adressen merken

In dieser Rubrik geht es darum, dass Sie sich zunächst folgende Adressen (komplett) einprägen. Anschließend werden verschiedene Fragen zu bestimmten Details gestellt, die Sie dann aus Ihrem Gedächtnis beantworten sollen.

Bitte beachten Sie, dass Sie erst auf die nächste Seite umblättern, nachdem die Einprägezeit von insgesamt 3 Minuten vollständig abgelaufen ist.

116.

Barbara Endler, 48 Jahre Chemielaborantin Kreuzgasse 27 20800 Hamburg	Herbert Schnitzler, 77 Jahre Pensionär Friedensstraße 29 80320 München
Dr. Wolfgang Stahl, 57 Jahre Neurologe Elbhausener Straße 98 10662 Berlin	Sabine Moll, 26 Jahre Verkäuferin Hauptstraße 33 40230 Düsseldorf
Ferdinand Stracke, 61 Jahre Rechtsanwalt Dachsweg 44 51080 Köln	Prof. Dr. Sonja Marx, 44 Jahre Chefärztin Mauerstraße 71 60230 Frankfurt
Iris Nachtweih, 33 Jahre Buchhalterin Bergstraße 50 72000 Stuttgart	Peter Nollwarth, 46 Jahre Taxifahrer Gemsenweg 49 30500 Hannover
Monika Zierhut, 51 Jahre Bankkauffrau Mittelstraße 89 51075 Köln	Hans Wendler, 85 Jahre Rentner Holunderweg 62 10500 Berlin

a) Wie alt ist Peter Nollwarth?
b) In welcher Straße (inkl. Hausnummer) wohnt Iris Nachtweih?
c) In welcher Stadt (inkl. Postleitzahl) wohnt Sabine Moll?
d) Welchen Beruf hat Dr. Wolfgang Stahl?
e) Welche Dame ist 51 Jahre alt?
f) Wie lautet der vollständige Name der Chefärztin?
g) In welcher Stadt (inkl. Postleitzahl) wohnt Hans Wendler?
h) Wer wohnt in der Kreuzgasse 27?
i) Wer wohnt in der Friedensstraße 29?
j) Welche Person ist 61 Jahre alt?

S) Merkfähigkeit: Texte einprägen, anschließend Fragen beantworten

In der folgenden Rubrik geht es darum, dass Sie sich zunächst jeweils einen vorgegebenen Text innerhalb einer vorgegebenen Zeit (2 Minuten) einprägen. Anschließend blättern Sie um zu den Fragen, die Sie dann detailliert beantworten sollen.

117.

Brutaler Raubüberfall

Wie der Leiter der Polizeidienststelle Likörhausen, Polizeihauptkommissar Ewald Schröder, der Pressestelle des Likörhausener Tageblatts am gestrigen 14.10.2016 mitteilte, kam es in der Herminenstraße 2 zu einem brutalen Raubüberfall, bei der die 87-jährige Rentnerin, Trude Schmoll, verletzt wurde. Nach ersten Ermittlungen hatten zwei jugendliche Täter, 17 und 20 Jahre alt, der älteren Dame vor der Haustüre aufgelauert, um ihr vermeintlich dabei behilflich zu sein, ihre schwere Einkaufstasche in den ersten Stock des Hauses zu tragen. Oben angekommen, stieß der ältere der beiden Täter die Dame zu Boden, so dass sich diese eine Kopfverletzung zuzog. Wie sich im Nachhinein herausstellte, wurden insgesamt 77 € aus der Geldbörse der älteren Dame entwendet, die sich in einer Schublade des Küchenschranks befunden hatte. Außerdem wurden zwei Goldringe sowie ein blaues Halsband gestohlen. Die ältere Dame beschreibt die beiden Täter wie folgt: Der jüngere Täter sei etwa 1,88 m groß, dunkle, lange Haare, leicht übergewichtig sowie insgesamt eine ungepflegte Erscheinung. Der ältere Täter sei etwa 1,73 m groß, schlank, rotes Hemd, blaue Jeans. Zudem habe er eine auffällige Narbe unterhalb des rechten Auges. Beide Täter sprachen mit osteuropäischem Akzent. Tatzeitpunkt war nach Angaben der älteren Dame ca. 17:15 Uhr gewesen. Für sachdienliche Hinweise zur Ergreifung der Täter wird eine Belohnung von 1750 € ausgesetzt. Hinweise bitte an die Polizeidienststelle Likörhausen, Telefonnummer: 0815/639416.

Bearbeitungszeit: 2 Minuten

a)   Wie lautet der Name des Polizeihauptkommissars?
b)   An welchem Tag fand der Raubüberfall statt?
c)   In welcher Straße (inkl. Hausnummer) wohnt das Tatopfer?
d)   Welches Alter haben die beiden Täter?
e)   Welcher Betrag wurde aus der Geldbörse gestohlen?
f)   Welche Farbe hat das gestohlene Halsband?
g)   Welche fünf Erkennungsmerkmale hat der jüngere Täter?
h)   Aus welchem Sprachraum stammen die Täter vermutlich?
i)   Welcher ungefähre Tatzeitpunkt wird genannt?
j)   Wie hoch ist die ausgesetzte Belohnung für sachdienliche Hinweise?
k)   Wie lautet die komplette Telefonnummer der Polizeidienststelle Likörhausen?
l)   In welchem Stockwerk wohnt das Tatopfer?

T) Interpretation von Statistiken

In dieser Rubrik geht es darum zu zeigen, ob bzw. inwieweit Sie dazu in der Lage sind, Statistiken korrekt zu interpretieren, um somit relevante Informationen daraus ableiten zu können.

118.

	1	2	3	4	5	6
Schule A	17	25	37	41	16	4
Schule B	12	29	36	54	22	7
Schule C	22	24	30	26	8	1
Schule D	7	12	22	38	32	10

a) In welcher Schule gibt es die meisten Schüler mit einem Notenprofil von entweder 3 oder 4?
b) Welche Schule hat den insgesamt besten Notendurchschnitt?
c) In welcher Schule gibt es die meisten Schüler mit einem Notenprofil schlechter als 4?
d) Welchen Notendurchschnitt hat die Schule mit den wenigsten 1er-Schülern?

Bearbeitungszeit: 2 Minuten

119.

In der folgenden Tabelle sind die Verkaufszahlen der Bücher mehrerer Autoren für die Jahre 2013, 2014, 2015 und 2016 aufgeführt.

	2013	*2014*	*2015*	*2016*
Müller	982	489	678	520
Meyer	745	320	970	260
Schmidt	358	823	222	984
Schulz	987	945	912	888
Neumann	215	134	376	788
Becker	345	234	217	409
Moll	354	190	340	924
Reuter	578	321	444	820

a) Welcher Autor war insgesamt am erfolgreichsten?
b) Welches ist insgesamt das erfolgreichste Jahr?
c) Welcher Autor hat im Jahr 2015 die wenigsten Bücher verkauft?
d) Wer sind die drei erfolgreichsten Autoren?
e) In welchem Jahr wurden die wenigsten Bücher verkauft?

Bearbeitungszeit: 5 Minuten

U) Oberbegriffe finden

In der folgenden Rubrik geht es darum, herauszufinden, welche Begriffe in der linken Spalte jeweils passende Oberbegriffe zu den in der rechten Spalte genannten Wörtern sind?

Beispiel:

Wassersport	Barbara
Wetterphänomen	Zugspitze
Vorname	Segeln
Fluss	Wirbelsturm
Berg	Rhein

Hier wäre die korrekte Zuordnung wie folgt:

Wassersport	===>	Segeln
Wetterphänomen	===>	Wirbelsturm
Vorname	===>	Barbara
Fluss	===>	Rhein
Berg	===>	Zugspitze

120.

Berühmter Maler	Krypton
Planet unseres Sonnensystems	Euler
Chemisches Element	Klavier
Akademischer Titel	Depression
Deutscher Komponist	Hund
Musikinstrument	Scheel
Säugetier	Borderline
Insekt	Professor
Gebirge	Monet
Deutscher Bundespräsident	Anden
Astronomische Struktur	Bach
Gefühlszustand	Venus
Berühmter Mathematiker	Wespe
Aggregatzustand	Galaxie
Berühmter Gitarrist	fest
Psychische Erkrankung	Gary Moore

Bearbeitungszeit: 1 Minute

121.

Farbe	Merkur
Tonart	Gigabyte
Baustil	Pi
Popgruppe	Tonne
Politikerin	Launenhaftigkeit
Maßeinheit für Länge	Sinus
Gewichtseinheit	blau
Astronomische Maßeinheit	Neuron
Handwerklicher Beruf	Gotik
Mathematische Funktion	c-moll
Maßeinheit für Speicherkapazität	Jupiter
Pflanze	Flippers
Tasteninstrument	Luftdruckkontrolle
Psychedelic Rock-Gruppe	Prof. Dr. Hoimar von Ditfurth
Kreiszahl	Lichtjahr
Störende Charaktereigenschaft	Katja Kipping
Größter Planet unseres Sonnensystems	Rose
Sonnennächster Planet	Zentimeter
Technisches Hilfssystem in PKW	Schreiner
Speichereinheit im menschlichen Gehirn	Keyboard
Berühmter Wissenschaftsjournalist	Pink Floyd

Bearbeitungszeit: 1 Minute

V) Passende Begriffe finden

In der folgenden Rubrik geht es darum, dass Sie zu einem vorgegebenen Oberbegriff aus einer Liste exakt nur solche Wörter herausfinden, die zu dem vorgegebenen Oberbegriff passen.

Beispiel:

Angenommen, der Oberbegriff lautet „EDV-Fachbegriffe". Gegeben sei folgende Liste:

USB-Stick – Diskette – Schnürsenkel – Bilderrahmen – Desktop – CPU – Wald – Gemüse – Musik – Soundkarte – Festplatte – Straßenbahn – Biologie – Pixel – Mainboard – Foto – Lottoschein – Informatik – Blume – Maus

Hier lauteten die korrekten Wörter, die allesamt dem Oberbegriff „EDV" zugeordnet werden können:

USB-Stick – Diskette – Desktop – CPU – Soundkarte – Festplatte – Pixel – Mainboard – Informatik – Maus.

122.

Der vorgegebene Oberbegriff lautet „Landeshauptstädte Deutschlands":

Gegeben ist folgende Liste:

Lübeck – Kiel – Rostock – Schwerin – Bremerhaven – Bremen – Cuxhaven – Hamburg – Berlin – Leipzig – Cottbus – Dresden – Magdeburg – Osnabrück – Erfurt – Halle – Mannheim – Wiesbaden – Frankfurt – Köln – Dortmund – Düsseldorf – Braunschweig – Hannover – Emden – Wuppertal – Waldenbuch – Stuttgart – Nürnberg – München – Oberstdorf – Magdeburg – Mainz – Trier – Kaiserslautern – Saarbrücken - Lindau

Bearbeitungszeit: 1 Minute

123.

Der vorgegebene Begriff lautet „Primzahlen":

Gegeben ist folgende Liste:

26 – 34 - 17 – 9 – 23 – 44 – 41 – 49 – 77 – 71 – 89 – 91 – 19 – 29 - 39

Bearbeitungszeit: 1 Minute

W) Schnell Wörter finden

In dieser Rubrik geht es darum, zu vorgegebenen Ausgangsbedingungen möglichst viele Wörter aufzuschreiben.

Beispiel: Angenommen, die Ausgangsbedingung lautet: Schreiben Sie möglichst viele Wörter auf, die mit dem Anfangsbuchstaben B beginnen.

Dann könnte Ihre Liste z. B. wie folgt aussehen:

Baum – Bus – Bär – Brot – Buche – Bild – Bochum – Boot usw.

124. a) Schreiben Sie binnen einer Minute möglichst viele Wörter auf, deren zweiter Buchstaben ein „r" ist.
 b) Schreiben Sie binnen einer Minute möglichst viele Wörter auf, deren letzter Buchstabe ein „t" ist.
 c) Schreiben Sie binnen einer Minute möglichst viele Adjektive auf, deren Anfangsbuchstabe ein „b" ist.

X)   Sinnlose Silben

In dieser Rubrik geht es darum, dass Sie sich möglichst viele „sinnlose" Silben einprägen, die dann anschließend – nach einer dreiminütigen Wartezeit – überprüft werden. Sinn und Zweck dieser Aufgabe ist es, Ihre Gedächtnisfunktion zu überprüfen.

>125. Prägen Sie sich bitte zunächst möglichst viele der nachfolgenden Silben ein. Für diesen Einprägevorgang stehen Ihnen insgesamt fünf Minuten zur Verfügung.

tzu	vbn	iop
wtr	ltz	mnb
dwq	kpg	bcx
qäj	püz	fsy
mhj	rgn	pln
qsc	vgz	ljf
rho	pmx	qtg
pge	wkg	iow
rmö	qlr	wiö
xyv	qmp	zhj

Nachdem die fünf Minuten Einprägezeit vorbei sind, blättern Sie bitte auf die nächste Seite um.

Markieren Sie nun in der folgenden Tabelle genau die zehn Silben, die in der vorherigen Tabelle tatsächlich vorgekommen sind.

Bearbeitungszeit: 1 Minute.

pwt	qkp	coe
hlq	ltz	lrn
löe	wkj	bcx
qäj	püz	päs
cvb	rpv	qbu
pwl	vgz	lrw
rho	pmx	orb
pge	jpa	püv
rmö	nmn	qäy
mql	qmp	zkx

Y) Merkfähigkeit

In der folgenden Rubrik wird Ihre Merkfähigkeit getestet. Zunächst sollen Sie sich möglichst viele Informationen binnen zwei Minuten einprägen.

Anschließend blättern Sie bitte auf die nächste Seite um, und beantworten dann alle gestellten Fragen.

126. Automarken	:	BMW – Ford – Opel – Renault – Mercedes – VW
Komponisten	:	Bach – Beethoven – Schumann – Mozart – Wagner
Schulfächer	:	Physik – Englisch – Mathematik – Geschichte – Musik
Planeten	:	Venus – Saturn – Neptun – Jupiter – Erde – Merkur
Flüsse	:	Nil – Rhein – Amazonas – Donau – Elbe – Main
Konsonanten	:	Z – K – M – F – R – P – S – J – Q – N – C – B
Städte	:	Jericho – Hammerfest – Paris – Kapstadt – Tokio – Erfurt

Bearbeitungszeit für alle folgenden Teilaufgaben: 3 Minuten

a) Welcher Fluss hat an der dritten Stelle den Buchstaben „n"?
b) Welcher der folgenden Konsonanten wird nicht genannt?
   N – F – P – W – M – K – Z
c) Welche Automarke endet mit dem Buchstaben „t"?
d) Welcher Fluss wird genannt, der ca. 1230 km lang ist?
e) Welche Schulfächer mit dem Anfangsbuchstaben „M" werden genannt?
f) Welche der genannten Planeten enthalten den Buchstaben „s"?
g) Welche der genannten Komponisten enthalten nicht den Buchstaben „h"?
h) Welche der genannten Städte liegt am weitesten nördlich?
i) Welches der genannten Schulfächer enthält nicht den Buchstaben „h"?
j) Welche der genannten Automarken bestehen aus vier Buchstaben?

Z) Sudoku

In dieser Rubrik geht es darum, dass Sie ein Sudoku möglichst schnell lösen.

Zielvorgabe: Sinn und Zweck des folgenden Sudokus ist es, dass in jeder Zeile sowie in jeder Spalte und zudem in jedem einzelnen 3x3-Quadrat jede der Ziffern von 1 bis 9 exakt einmal vorkommt. In keiner Zeile, keiner Spalte und keinem 3x3-Quadrat dürfen einzelnen Ziffern mehrfach vorkommen, und es darf zudem keine Ziffer fehlen.

Bearbeitungszeit: 7 Minuten

127.

		1		3				9
	8				5		1	
	7			9		4		
					8	7		
	1	5	3		9	6	8	
		4	7					
		6		8			3	
	3		5				4	
2				6		8		

Lösungen

A) Sprachliche Intelligenz: Welches Wort passt nicht?

1. schwimmen
2. Wien
3. Ontariosee
4. Posaune
5. Hände
6. Arzt
7. Hund
8. Nena

B) Sprachliche Intelligenz: Gleiche Wortbedeutung?

9. stark
10. achtsam
11. trist
12. notieren
13. gefühlskalt
14. lautstark
15. schnell
16. passend

C) Sprachliche Intelligenz: Buchstabensalat

17. Pinsel
18. Messer
19. Schwein
20. Rahmen
21. Notizen
22. Bleistift
23. Flipchart
24. Bügeleisen

25. Schwimmerin
26. Bücherei

D) **Sprachliche Intelligenz: Buchstabengruppen**

27. DGJMP
28. UAKLF
29. TIEGH
30. EFGHI

E) **Sprachliche Intelligenz: Buchstabenreihen**

31. r
32. u
33. v
34. p
35. y

F) **Logisches Denken: Analogien**

36. schlank
37. Bleistiftmarke
38. DVD
39. Schule
40. Spanien
41. Dysphorie
42. tief
43. Cello

G) Logisches Denken: Schlussfolgerungen

44. C
45. B
46. Bert
47. Konrad
48. Jenny
49. 49
50. 4

H) Logisches Denken: Zahlenreihen ergänzen

51. Berechnungsschema: *3 +7
    Gesuchte Zahl: 111
52. Berechnungsschema: Jeweils nächste natürliche Zahl, beginnend bei 1 im Wechsel n^2, n^3.
    Gesuchte Zahl: 27
53. Berechnungsschema: Jeweils nächste Primzahl zum Quadrat.
    Gesuchte Zahl: 169
54. Berechnungsschema: Ziffernfolge der Kreiszahl PI.
    Gesuchte Zahl: 2
55. Berechnungsschema: Jeweils nächste Quadratzahl +7.
    Gesuchte Zahl: 43
56. Berechnungsschema: + 3 *2 -6
    Gesuchte Zahl: 13
57. Berechnungsschema: Stellen der Zahl PI zum Quadrat.
    Gesuchte Zahl: 4
58. Berechnungsschema: Erste Primzahl * 17 usw.
    Gesuchte Zahl: 48275138

I) **Logisches Denken: Zahlenmatrizen**

 59. 72
 60. 169
 61. 32
 62. 216
 63. 128

J) **Logisches Denken: Wochentage**

 64. Mittwoch
 65. Montag
 66. Montag
 67. Mittwoch
 68. Freitag

K) **Logisches Denken: Unmögliches erkennen**

 69. c
 70. d
 71. c
 72. e
 73. d

L) **Logisches Denken: Meinung oder Tatsache?**

 74. Tatsache
 75. Meinung
 76. Meinung
 77. Tatsache
 78. Tatsache
 79. Meinung
 80. Tatsache
 81. Tatsache

82. Meinung
83. Meinung

M) Mathematische Fähigkeiten: Kopfrechnen

84. 142
85. 1204
86. 493
87. 6531
88. 188
89. 64
90. 1001
91. 7530
92. 362880
93. 14616

N) Mathematische Fähigkeiten: Rechenzeichen einsetzen

94.	+	-		
95.	*	+		
96.	*	+	*	
97.	*	+	*	-
98.	/	*	/	-
99.	*	+	*	-
100.	+	+	-	-
101.	/	/	/	
102.	*	*	*	*

O) Beobachtungsgabe: Welches Zeichen ist anders in einer Reihe?

103. K wurde ausgetauscht durch N
104. F wurde ausgetauscht durch C
105. Q wurde ausgetauscht durch C

106. G wurde ausgetauscht durch H
107. L wurde ausgetauscht durch T
108. E wurde ausgetauscht durch F
109. K wurde ausgetauscht durch F
110. R wurde ausgetauscht durch P
111. K wurde ausgetauscht durch R

P) Merkfähigkeit: Wörter einprägen, falsche Wörter identifizieren

112 a 3. Zeile
112 b BAP
112 c A-dur
112 d Gitarre

113 a Elefant
113 b Köln
113 c Sekt
113 d lila
113 e Hund / Hase
113 f minimal

114 a 29
114 b 2
114 c 324
114 d 144
114 e 11
114 f 888
114 g 7. Zeile (Überschrift nicht mitgerechnet)
114 h 95

Q) Merkfähigkeit: Begriffe merken

- 115 a   Ukraine
- 115 b   5. Spalte
- 115 c   Mosel, Rhein, Neckar
- 115 d   6. Zeile
- 115 e   Mosel
- 115 f   Fernfahrer
- 115 g   5. Zeile
- 115 h   Berlin
- 115 i   5. Spalte
- 115 j   2. Spalte

R) Merkfähigkeit: Adressen merken

- 116 a   46 Jahre
- 116 b   Bergstraße 50
- 116 c   40230 Düsseldorf
- 116 d   Neurologe
- 116 e   Monika Zierhut
- 116 f   Prof. Dr. Sonja Marx
- 116 g   10500 Berlin
- 116 h   Barbara Endler
- 116 i   Herbert Schnitzler
- 116 j   Ferdinand Stracke

S) Merkfähigkeit: Texte ein prägen, anschließend Fragen beantworten

- 117 a   Ewald Schröder
- 117 b   14.10.2016
- 117 c   Herminenstraße 2
- 117 d   17 und 20 Jahre alt

117 e 77 €
117 f blau
117 g 1,88 m, dunkle, lange Haare, leicht übergewichtig, ungepflegte Erscheinung
117 h Osteuropa
117 i 17:15 Uhr
117 j 1750 €
117 k 0815 / 63 94 16
117 l 1. Stockwerk

T) Interpretation von Statistiken

118 a Schule B
118 b Schule C
118 c Schule D
118 d ca. 3,88
119 a Schulz
119 b 2016
119 c Becker
119 d 2014

U) Oberbegriffe finden

120. Berühmter Maler — Monet
Planet unseres Sonnensystems — Venus
Chemisches Element — Krypton
Akademischer Titel — Professor
Deutscher Komponist — Bach
Musikinstrument — Klavier
Säugetier — Hund
Insekt — Wespe
Gebirge — Anden
Deutscher Bundespräsident — Scheel
Astronomische Struktur — Galaxie

	Gefühlszustand	Depression
	Berühmter Mathematiker	Euler
	Aggregatzustand	fest
	Berühmter Gitarrist	Gary Moore
	Psychische Erkrankung	Borderline
121.	Farbe	blau
	Tonart	c-moll
	Baustil	Gotik
	Popgruppe	Flippers
	Politikerin	Katja Kipping
	Maßeinheit für Länge	Zentimeter
	Gewichtseinheit	Tonne
	Astronomische Maßeinheit	Lichtjahr
	Handwerklicher Beruf	Schreiner
	Mathematische Funktion	Sinus
	Maßeinheit für Speicherkapazität	Gigabyte
	Pflanze	Rose
	Tasteninstrument	Keyboard
	Psychedelic Rock-Gruppe	Pink Floyd
	Kreiszahl	Pi
	Störende Charaktereigenschaft	Launenhaftigkeit
	Größter Planet unseres Sonnensystems	Jupiter
	Sonnennächster Planet	Merkur
	Technisches Hilfssystem in PKW	Luftdruckkontrolle
	Speichereinheit im menschlichen Gehirn	Neuron
	Berühmter Wissenschaftsjournalist	Prof. Dr. Hoimar von Ditfurth

V) Passende Begriffe finden

122. Kiel – Schwerin – Bremen – Hamburg – Berlin – Dresden
Magdeburg – Hannover – Erfurt – Wiesbaden – Mainz
Düsseldorf – Saarbrücken – Stuttgart - München

123. 17 – 23 – 41 – 71 – 89 – 91 – 19 – 29

W) Schnell Wörter finden

124. Hier ist die jeweilige Lösung selbsterklärend.

X) Sinnlose Silben

125.

	ltz	
		bcx
qäj	püz	
	vgz	
rho	pmx	
pge		
rmö		
	qmp	

Y) **Merkfähigkeit**

126. a) Donau
 b) W
 c) Renault
 d) Rhein
 e) Mathematik, Musik
 f) Venus, Saturn
 g) Mozart, Wagner
 h) Hammerfest
 i) Musik
 j) Ford, Opel

Z) Sudoku

127.

6	2	1	8	3	4	5	7	9
4	8	9	6	7	5	3	1	2
5	7	3	2	9	1	4	6	8
3	6	2	1	4	8	7	9	5
7	1	5	3	2	9	6	8	4
8	9	4	7	5	6	1	2	3
1	5	6	4	8	2	9	3	7
9	3	8	5	1	7	2	4	6
2	4	7	9	6	3	8	5	1

Punkteverteilung

1	:	1	51	:	2	86 a	:	1
2	:	1	52	:	2	86 b	:	1
3	:	1	53	:	2	86 c	:	1
4	:	1	54	:	2	86 d	:	1
5	:	1	55	:	3	86 e	:	1
6	:	1	56	:	3	86 f	:	1
7	:	1	57	:	3	86 g	:	1
8	:	1	58	:	3	86 h	:	1
9	:	1	59	:	2	86 i	:	1
10	:	1	60	:	2	86 j	:	1
11	:	1	61	:	2	87 a	:	1
12	:	1	62	:	2	87 b	:	1
13	:	1	63	:	2	87 c	:	1
14	:	1	64	:	2	87 d	:	1
15	:	1	65	:	2	87 e	:	1
16	:	1	66	:	2	87 f	:	1
17	:	1	67	:	2	87 g	:	1
18	:	1	68	:	2	87 h	:	1
19	:	1	69	:	2	87 i	:	1
20	:	1	70	:	2	87 j	:	1
21	:	1	71	:	2	88 a	:	1
22	:	1	72	:	2	88 b	:	1
23	:	1	73	:	2	88 c	:	1
24	:	1	74	:	1	88 d	:	1
25	:	1	75	:	1	88 e	:	1
26	:	1	76	:	1	88 f	:	1
27	:	2	77	:	1	88 g	:	1
28	:	2	78	:	1	88 h	:	1
29	:	2	79	:	1	88 i	:	1
30	:	2	80	:	1	88 j	:	1
31	:	2	81	:	1	88 k	:	1
32	:	2	82	:	1	88 l	:	1

33	:	2	83	:	1	101	:	3
34	:	2	84	:	1	102	:	3
35	:	2	85	:	1	103	:	1
36	:	2	86	:	1	104	:	1
37	:	2	87	:	2	105	:	1
38	:	2	88	:	2	106	:	1
39	:	2	89	:	2	107	:	1
40	:	2	90	:	3	108	:	1
41	:	2	91	:	3	109	:	1
42	:	2	92	:	3	110	:	1
43	:	2	93	:	3	111	:	1
44	:	3	94	:	2	112 a	:	2
45	:	3	95	:	2	112 b	:	2
46	:	3	96	:	2	112 c	:	2
47	:	3	97	:	3	112 d	:	2
48	:	3	98	:	3	113 a	:	2
49	:	3	99	:	3	113 b	:	2
50	:	3	100	:	3	113 c	:	2
						113 d	:	2
113 e	:	2	115 f	:	2	117 a	:	2
113 f	:	2	115 g	:	2	117 b	:	2
114 a	:	2	115 h	:	2	117 c	:	2
114 b	:	2	115 i	:	2	117 d	:	2
114 c	:	2	115 j	:	2	117 e	:	2
114 d	:	2	116 a	:	2	117 f	:	2
114 e	:	2	116 b	:	2	117 g	:	2
114 f	:	2	116 c	:	2	117 h	:	2
114 g	:	2	116 d	:	2	117 i	:	2
114 h	:	2	116 e	:	2	117 j	:	2
115 a	:	2	116 f	:	2	117 k	:	2
115 b	:	2	116 g	:	2	117 l	:	2
115 c	:	2	116 h	:	2	118 a	:	2
115 d	:	2	116 i	:	2	118 b	:	2
115 e	:	2	116 j	:	2	118 c	:	2

118 d	:	3
119 a	:	2
119 b	:	2
119 c	:	2
119 d	:	2
119 e	:	2
120	:	Je richtige Zuordnung 1 Punkt (insgesamt 16 Punkte)
121	:	Je richtige Zuordnung 1 Punkt (insgesamt 21 Punkte)
122	:	Für jede richtig erkannte Landeshauptstadt gibt es 1 Punkt. Insgesamt demnach 15 Punkte. Für jede falsch zugeordnete Landeshauptstadt wird 1 Punkt abgezogen.
123	:	Für jede korrekt erkannte Primzahl gibt es 1 Punkt. Insgesamt demnach 8 Punkte. Für jede falsch genannte Primzahl wird 1 Punkt abgezogen.
124 a	:	0 – 3 Wörter: 1 Punkt 4 – 6 Wörter: 2 Punkte 7 – 9 Wörter: 3 Punkte >= 10 Wörter: 4 Punkte
124 b	:	0 – 3 Wörter: 1 Punkt 4 – 6 Wörter: 2 Punkte 7 – 9 Wörter: 3 Punkte >= 10 Wörter: 4 Punkte
124 c	:	0 – 3 Wörter: 1 Punkt 4 – 6 Wörter: 2 Punkte 7 – 9 Wörter: 3 Punkte >= 10 Wörter: 4 Punkte
125	:	Je richtig markierte Silbe: 2 Punkte (Insgesamt: 20 Punkte) Für jede falsch markierte Silbe werden 2 Punkte abgezogen.
126 a – j	:	Je 2 Punkte. (Insgesamt 20 Punkte)
127	:	Für das Sudoku gibt es – allerdings nur bei vollständig korrekter Lösung – 30 Punkte.

Auswertung

Wie schon zuvor erwähnt, handelt es sich bei dem hier vorliegenden IQ-Test nicht um einen solchen, der unter wissenschaftlichen Aspekten erstellt wurde, sondern vielmehr um einen solchen, der Ihnen die Gelegenheit geben sollte, möglichst typische Testaufgaben aus klassischen Bereichen (Logik, Sprache, Gedächtnis usw.) trainieren zu können.

Aus diesem Grund wird hier auch bewusst darauf verzichtet, konkrete IQ-Werte zu nennen. Voraussetzung dafür wäre eine wissenschaftlich validierte sowie statistisch-signifikante Kontrollgruppe, die hier jedoch nicht Gegenstand dieses IQ-Tests gewesen ist.

Von daher werden hier absichtlich nur grobe Orientierungsmarken genannt, so dass Sie sich mit anderen Testpersonen, die diesen IQ-Test unter vergleichbaren Bedingungen durchführen, vergleichen können.

Unabhängig davon, wie Ihr konkretes Testergebnis hier ausgefallen ist, sollten Sie bitte niemals vergessen, dass der hier ermittelte Testwert nichts über Ihre Qualitäten als Mensch aussagt. Neben diversen intellektuellen Fähigkeiten, die sich mit klassischen Tests messen lassen, gibt es viele höchst wichtige und wertvolle Werte, die einen Menschen auszeichnen. Bitte vergessen Sie das nicht, falls Ihr Testergebnis hier nicht so gut ausgefallen sein sollte, wie Sie es sich vielleicht erhofft haben.

475 – 488 Punkte:	Herausragendes Ergebnis.
460 – 474 Punkte:	Sehr gutes Ergebnis.
400 – 459 Punkte:	Ergebnis im oberen Mittelfeld.
300 – 399 Punkte:	Durchschnittliches Ergebnis.
250 – 299 Punkte:	Leicht unterdurchschnittliches Ergebnis.
200 – 249 Punkte:	Ausbaufähiges Ergebnis.
150 – 199 Punkte:	Relativ schwaches Ergebnis.
75 – 149 Punkte:	Sehr schwaches Ergebnis.
0 – 74 Punkte:	Extrem schlechtes Ergebnis.

Abschließende Empfehlung:

Bitte bedenken Sie, dass sich derartige IQ-Testaufgaben innerhalb eines gewissen Leistungsrahmens trainieren lassen. Je häufiger Sie Testaufgaben solcher Art üben, desto besser werden perspektivisch Ihre Testergebnisse ausfallen.

Von daher sollten Sie Ihr hier ermitteltes Testergebnis bitte nur als eine Momentaufnahme betrachten, die nicht für alle Zeiten „in Stein gemeißelt ist".

Ich wünsche Ihnen viel Freude sowie viel Erfolg bei Ihrem persönlichen IQ-Test!

Düsseldorf, im Frühjahr 2017.

Kontakt zum Autor:

Psychologische Beratung, Aribert Böhme
Psychologischer Berater (SGD-Dipl.) & Lerncoach
DV-Kfm. & EDV-Dozent & Autor
Mitglied im Who-is-Who Deutschland & Europa
E-Mail: Psychologische_Beratung_Boehme@gmx.de
Internet: www.aribertboehme.de

Notizen

Notizen

Buchempfehlung:

Denkanstöße 2017
52 Denkimpulse für 52 Wochen Deines Lebens
Aribert Böhme
ISBN-13: 978-3848215546
Erhältlich als Buch und als eBook.